JN411856

프로메테우스의 선택

프로메테우스의 선택

홍문식 시집

詩와에세이

시인의 말

세상이 너무 삭막하다
아직은 살 만하다고 말하는 사람도 있지만
아니다 싶다
인간들이 야속하다
예전보다는 분명히
살기가 좋아진 것 같은데
총체적으로 무너짐을 느낀다
왜 이런 생각이 드는지
까닭을 모르겠다
노파심인가
한 번쯤 살아온 날들을 돌아봐야 할 것 같다
어디가
잘못되었는지

2025년 겨울
홍문식

차례

제2부

제3부

제4부

제1부

괴짜

제멋대로 자라 위아래도 몰라보고
뿔 날 자리가 근질거려
아무 데나 대가리를 들이박는
싸가지 없는 염소 한 마리 길러 봐야 할 것 같다
배려심이라고는 털끝만큼도 없고
주인도 몰라보고 저밖에 모르는 새까만 염소를
까칠하고 성깔 더러운 염소를

그 성깔 더럽고 싸가지 없는 놈을 길들여 보겠다고
종일토록 머리를 싸매고 골머리를 앓는 나를
나도 이해할 수 없고 이해가 되지 않아도
내 마음을 다스리기 위하여
수직의 절벽 위를 펄쩍펄쩍 개차반같이 뛰어다니는
저밖에 모르는 새까만 염소 한 마리 길러
보양식으로 잡아먹어야 할 것 같다

이 험난한 세상을 살아가기 위해선

불협화음

다들 저 잘났다고
소나 개나 다 목소리를 높이니 눈꼴이 시어
도저히 봐줄 수가 없을 것 같다

목소리를 높인다고 잘나 지지도 이기는 것도 아닌데
왜들 저 잘났다고 목소리를 높이는지 모르겠다

입 다물고 있으면 알아주질 않는가 목소리를 높이는 인간들
소리 없이 흐르는 물이 깊은 물이라 걸 모르는 건가

세상이 조용하려면 목소리를 낮춰야 한다

소리가 높아지고 옥타브가 올라갈수록
더더욱 힘들어지고 삐걱대는 세상사

아무리 세상이 각박해졌기로서니

솔직한 심정
—나만 이런 생각이 드는 건가

지금의 내 마음 같아선
법만 없다고 하면
옆에만 있다면
미운 것만 생각하면
우리 아이들의 미래를 생각하고
이 나라 이 민족의 백년대계를 위해서라면
그냥 한 대 쥐어박고 죽지 않을 만큼 두들겨 패도
속이 시원치 않을 것 같다 감방에 간다고 해도
내 한 몸 희생해 다 때려죽이고
감옥에라도 가고 싶은 게 솔직한 내 심정이다
세상에 어떻게 저런 인간들이 다 있는지
꼴도 보기 싫은 새끼들
국민의 대표라고 꼴값 떠는 인간들
밥맛 떨어지는 새끼들

개만도 못한 새끼들

슬픈 웃음이 얼굴에 가득하다는 맹 시인님께

존경하고픈 맹 시인님께

맹 시인님
요즈음 같이 힘든 세월을 사는 사람들 가운데
금수저 은수저로 태어나지도 못했고
가난해 배우지도 못해
가진 사람들의
눈치를 보면서 살아야 하는 사람들과
목구멍이 포도청보다 더 무섭다는 사람들은
오늘도 하늘을 원망하고 슬프게 살아가고 있습니다
맹 시인님 맹 시인님만이
세상 살기가 힘이 든 것만은 아닐 겁니다
두 손을 제비 주둥이처럼 조아려
아쉬운 소리를 해야 하고 비굴한 웃음
슬픈 미소를 지어야 살 수밖에 없는 사람들을
위해서라도

맹 시인님

더는 슬픈 웃음 짓지 않기를 바랍니다

*슬픈 웃음이 얼굴에 가득하다는: 맹문재 시인의 시에서 차운

신념

입에 쓴 게 몸에는 좋다고 한다
하지만 나는 절대로 쓴 것은 삼키지 않고
단것은 뱉지를 않는다
성격 참 유별나다고 할는지는 모르겠지만
나는 조금도 개의치 않는다
내가 나를 생각해 봐도 한 고집 하는 것 같다
나는 그것을 나의 자존심이라고 생각한다
지금도 나는 그런 식으로 살면 안 된다는 걸 뻔히 알면서도
나만의 신념대로 살고 있다 이가 썩어 문드러진다 해도
개똥같은 나만의 신념과 아집으로
몸에 좋다는 쓴 것은 절대로 먹지를 않는다
나이를 먹었어도 그것만은 고치질 못했다
아니 고칠 생각이 없다
여태까지 된 변을 못 봐서 그런가?
그 아집만은 버리지 못하고
아직도 쓸데없는 똥고집을 부리고 있다

풀이 되고 싶다

풀들은
하늘을 우러르며 살기에
절대로 하늘의 뜻을 거스르지 않는다
아니 거스를 생각조차 하지 않는다
가뭄으로 인해 잎새가 시들시들 말라비틀어지고
비바람에 만신창이가 되어도
한마디 불평도 없이 꽃을 피우고
세상 다 하는 그 순간까지 말 한마딜 않는다
엄동설한풍에 살이 트고 찢겨 갈대처럼 숨어 울다가도
아지랑이 피어오르는 새봄이 돌아오면
지난 일은 모두 하얗게 잊어버리고
잎 피우고 꽃 피워
싱그럽고 아름다운 세상 만들어 가는
말 없는 풀들을 보노라면
나 부질없는 욕심 모두 비우고
세상 태어난 것만으로도 감사해 하는
그런 풀로 살고 싶다

우는 웃음 웃는 울음 쓴웃음

울며 겨자 먹기로 웃는 웃음을
억지웃음 쓴웃음이라 한다
즐겁고 기뻐서 웃는 웃음이 아니라
기가 막혀 웃는 서글프고 괴로운 웃음이다
배신당해 웃는 웃음이다
회한 비탄 탄식의 웃음이고
슬프고 억울해서 어이없어 웃는 웃음이다
뒷맛이 씁쓸한 웃음이며
난감해서 웃는 웃음이고 맥이 풀려 웃는 웃음이다
그러니 속이 쓰려도 그러려니 하고
자포자기도 하지 말고 낙심도 하지 마라
기대도 하지 마라
인생은 내 맘 같지가 않다
우는 웃음을 웃지 말고 웃는 울음을 울어라
떨쳐 버려라 삶에 농락당하지 말고
죽 쒀 개 좋은 일 시켰다 생각하라
그러나 잊지는 마라

마음먹기에 따라

나 하나쯤 괜찮을 거라고 나에게
결단코 관용을 베풀지 마라
모두가 나 하나쯤은 괜찮겠지라고 생각한다면
원수를 외나무다리에서 만나게 된다
세상이 지옥으로 변치 않기를 바라는 삶이
올바른 삶이라는 걸 안다면
다른 사람이야 어떻게 하든 말든
나 하나만이라도 하는 마음으로 바르게 살아야 한다

모두가
나 하나만이라도라는 마음으로 바르게 산다면
온 세상은 천국이 된다
지옥보다는 천국이 더 낫지 않을는지
이 세상은 이 세상을 사는 사람들이 하기에 따라
천국과 지옥으로 갈리는 게 아닐까
나 하나만이라도 올곧게 살면
그게
지상에 낙원을 만드는 길이 아니겠는가

귀를 먹다

나이를 먹은 사람 중에는
귀먹은 사람들이 의외로 많다
그 누구도 귀먹는 걸 좋아하진 않지만
나이를 먹게 되면 어쩔 수가 없는가 보다
말을 자주 흘리는 걸 보면

귀는 맛있어서 먹는 게 아니다
나이를 먹어 눈도 흐린 데다 귀까지 먹게 된다면
곶감 점말 하는 꼴이기에
아무도 귀먹는 자체를 좋아하지 않는다

늙은이가 힘자랑하면 안 되듯
나이를 먹으면 들어도 못들은 척해야 하며
보고도 못 본 척해야 한다
인의 예절이 메말라가는 오늘날에는
더더욱 그렇다

늙어서 망신당하지 않으려면 비바람에

낭창낭창 잘 휠 줄 알아야 한다

간 보기

새벽잠에서 깬 후
눈도 안 뜨고 잔머리를 굴리고 있다
불을 켜지도 않고 눈을 뜨지도 않았는데
막히지도 않고 잘 굴러가는
머리통

하루 일정을 가늠하고 있다
언제 성당에 가야 할지
낮 미사에 갈지 아니면 저녁 미사에 갈지
하느님은 나 같은 인간을 만나고 싶어 하실까
생각에 생각을 더해 본다

입으로는 신의 존재를 믿는다면서도
가슴으로는 신의 존재를 의심하는 이기적인 인간

난 신의 존재를 믿는 사람
분명히 신은 존재한다고 믿지만
그럼에도 이렇게 마음이 흔들리는 까닭은

신이 존재 여부를 저울질하면서
간을 보기 때문이리라

언제나처럼
내게 유리한 쪽으로

실마리 풀기

—너희가 땅에서 풀면 하늘에서도 풀릴 것이다: 마태복음18장 18절

아내는 참 실마리를 잘 풀었다
손끝으로 실마리의 한쪽 끝을 갉작이다가
양손으로 잡고 살살 잡아당기면
거짓말처럼
속내를 훤히 드러내며 술술 풀어지는 실마리
아내는 그처럼 쉽게 푸는 실마리를
나는 왜 쉽게 풀지를 못하는지 알다가도 모르겠다
급한 성격 탓인가 아무리 애를 써도 풀리지를 않았다
내가 하는 일은 모두가 다 그랬다
하는 일마다 쉽게 풀리는 일이 지금까지 단 한 번도 없었다
아내가 차분하게 풀어보라고 일러주었는데도
어떻게 된 영문인지 영문을 모르겠다
풀리는 게 아니라 더 헝클어 놓기만 했다
급하면 돌아가라고 했던가
모든 일은 차분하게 순리대로 풀어야 한다
만시지탄의 손가락질을 받지 않으려면

아직도 난 갈 길이 먼 것 같다

꿈이었던가

아무리 끙끙거리고 발버둥을 쳐봐도
제자리를 맴돌기만 할 뿐
도무지 벗어날 수 있는 방법이 없는 것 같다
한낱 꿈이었던가
헤어날 수 있는 방법이 없는 걸 보면

처음으로 돌아가 다시 반복해도
흠집 난 LP판처럼
꼭 걸렸던 그 자리에서 또 걸리고 만다
큰일 치르고 밑 안 씻은 것처럼
개운치가 않다

결국은 넘어설 수 없는 한계점에 닿은 건가
한 시즌이 또 이렇게 끝나고 마는 건가
눈을 뜨면 사라지는 허상들

남부끄러운 자화상

동화 속의 혹부리 영감처럼
나도 혹이나 하나 달았더라면 좋았을 걸

혹시 아는가?
동화책 속의 이야기처럼
멍청한 도깨비들이 내 노랫소리를 듣고
도깨비방망이와 맞바꾸는 행운이라도 얻게 될는지
그렇게만 될 수 있다면
팔자가 달라질 수 있을는지도 모를 텐데
어찌하여 난 그런 복도 하나 타고나질 못했는지
그런 복까지는 아니더라도
늘그막에 마음 편히 살 수 있는 복이라도
타고 태어났었더라면

혹시 소갈머리와 주변머리가 없는 것이
손 안 대고 코 풀려고 해서
그런 건가

남과 여

속세를 떠도는 말 중에
중년 남자들을 서글프게 하는 말이 있다
웃자고 지어낸 이야기겠지만
남자들이여
이 이야기를 잘 읽고 가슴 깊이 새겨 두길 권한다

중년 여자들에게 늙어서 가장 필요한 게 뭐냐는 질문에
여자들은 첫 번째가 돈이요 두 번째가 딸이며
세 번째가 건강이고 네 번째는 친구요
다섯 번째가 찜질방이라는 답을 했다고 한다
그에 비해 남자들은 멍청한 건지 어리석은 건지는 몰라도
첫 번째가 아내요 두 번째는 집사람 세 번째가 애 엄마
네 번째는 와이프요 다섯 번째가 마누라라고
남자들은 아내에게 목을 맨다는데…

그래서 여자들이

남자들을 혹싸리 껍질로 여기는 건 아닌지
단물 빠진 사내들이여 쫓겨나지 않으려면
정신 바짝 차리고 살라

바로 세울라나

바로 세울라는
스페인 제2의 도시 바르셀로나가 아니다
바로 세울라나는 우리말의
자빠졌거나 넘어지고 틀어진 것을
바르게 일으켜 세운다는 의문형 문구다
근본부터 무너지고 있는 이 나라를
어떤 누가 바로 일으켜 세우려는지는 모르겠으나
바로 세우는 일은
결코 한두 해 만에 아무나 할 수 있는 쉬운 일이 아니다
안토니 가우디는 스페인 바르셀로나의
사우라다 파밀리아 성당을
일백 년을 넘도록 세우고 있고
충무공 이순신은 백성과 나라를 지키기 위해
자신의 목숨까지 버리지 않았던가
이제는 우리가 우리를
바로 세워야 하지 않을까

합종연횡

서로
잡아먹지 못해
물고 뜯고 싸우다가도
꼭 그 짓거리 할 때만 되면
찍소리도 않고 눈을 껌뻑이면서
우리가 언제 싸웠냐는 듯이
밀월을 즐기는 연놈들
나는 그게 더
밉다

국민을 위해서라는 말을
말든지

큰일이다

인생
먹고 노는 재미 빼면 살맛이 없다지만
아무리 그래도 그렇지 방송국마다 경쟁을 하듯
먹방을 내보내는 걸 보면
이건 해도 해도 너무한다는 생각이 든다
볼만한 교양 프로가 하나 없고
방송국마다 건전한 삶을 사는 프로는
시청률 낮다고 방영을 않고
먹고 마시고 노는 것만 주구장창 내보내고 있으니
도대체 방송국이 뭘 하는 곳인지를 모르겠다
있는 사람들이야 좋다고 하겠지만
하루 벌어 하루를 먹고 사는 사람들 생각도 해야 하는 게 아닐까
유튜버에 공영 방송까지 가세 혼자 사는 걸 부추기고
해외까지 나가 먹고 마시고 노는 문화를 조장하고 있으니
이건 아니라는 생각이 든다
아무리 자본주의 사회라고는 하지만

뭐가 잘못돼도 한참 잘못된 게 아닌가 싶다
하긴 인간이 살면 얼마나 산다고
한 번뿐인 인생 먹고 마시고 즐겁게 사는 게
최상의 삶이겠지만 그래도 염려가 된다
국민들에게 그릇된 인식을 심어 주는 것은 아닌지
안 그래도 먹고 놀자판 세상인데
큰일이다!
아이들이 뭘 보고 배울는지

귀감(龜鑑)

자신이 어른이라는 생각을 한다면
일거수일투족(一擧手一投足)을 조심해야 한다
워즈가 아이들은 어른의 아버지라 해서가 아니라
아이들은 어른을 보고 따라 배우기에
귀감이 되어야 한다는 말이다
세 살 버릇 여든 간다고
한번 휘어져 굽은 나무는 절대로 곧게 펴지질 않는다
인생은 생각보다 훨씬 빠르다
절대로 아이들을 어리다고 얕보지 마라
아이들도 알 만한 건 다 안다 아무리 어려도
오죽하면 아이들을 어른의 아버지라고 했을까
우러러주면 우러름을 받게 될 것이고
무시하면 무시를 당할 것이다
아이들은 배운 대로 행한다
노후의 평화가 당신의 손에 달려 있다

제2부

풀꽃 안쓰러움

나태주 시인은
풀꽃도
자세히 보면 예쁘다 하고
김소엽 시인은 풀꽃은 예쁜 것보다
꽃 주름살에서 시냇물이 보인다고 노래했다
그런데 나는
풀꽃을 보면 예쁘다는 생각도 안 들고
시냇물도 보이지 않고
저 가녀린 몸으로
이 험한 세상을 어떻게 살아왔을까 하는
안쓰러운 모습만 보여
풀꽃이
더 가련키만 하다

굴욕

가난과 외로움도 세월이 흐르고
일상이 되다 보면
까마귀 고기 먹은 것처럼 정신이 흐려져
고통과 서러움도 잊어버리는가 보다
요즈음 나는 지난날의 아픔을 까맣게 잊고 산다
용두사미 격인가 처음엔 대한 추위처럼
얼리고 얼리고 하여 마음을 단단히 얼리었건마는
어느새 마음이 춘삼월 훈풍에 얼음장 녹듯이 슬며시 풀려
모래성처럼 쉽게 허물어지는지 모르겠다
이렇게 쉽게 무너지면 안 된다고
마음 다잡아 보지만
그마저도 마음먹은 대로 되지 않는 걸 보면
굴욕을 당해도 할 말이 없을 것 같다
내가 이 정도밖에 안 되는 인간이었던가?

가슴이 답답하다 체한 것처럼

대화

내 앞에 두 여자가 걸어가고 있다
나는 두 여자처럼 나의 길을 가고 있다
한 여자가 한 여자에게 말을 건넨다
그녀는 그녀의 속을 알다가도 모르겠다고 한다
직장 동료에 대한 이야기를 하는 것 같은데
본의 아니게 엿듣게 되었다
난 그녀가 말하는 그녀가 누구인지 알지를 못한다
다만 그 여자의 귀가 무척 간지러울 거라는 생각을 했다
난 흉을 보는 그녀의 속을 모르겠다
그녀는 그녀의 말을 믿을 수가 없다고 했다
오랫동안 알고 지낸 사이 같은데
그녀의 흉을 왜 이 여자한테 보는 것인지
다른 사람의 귀에 들린다는 것도 아랑곳하지 않고
큰소리로 뒷사람에게 다 들리도록 흉을 보는
그녀의 행태가 이해가 가지 않았다

장난질

신뢰가 무너지면
공든 탑이 도로아미타불이 되고 만다
한 번의 실수가 믿음을 무너뜨려
살을 맞댔던 부부가 남남으로 갈라서는 걸 보면

조합원에게 배부된 기념품도 찾고
하나로 마트에서 식료품을 구입하고 돌아와
무심코 구입 전표를 보았더니
호구 같아 보였는지 기념품 대금이 결제되어 있었다
분명 교환권을 계산원에게 준 것 같은데…

장난질 당한 것 같아 되돌아가 따져 물었더니
대수롭지 않다는 듯 착오라고 둘러댔다
죄송하다는 말 한마디면 마음 상쾌해질 것을
기분이 몹시 불쾌했다
계산원의 얼굴이 참 뻰뻰스러웠다

눈 감았다 하면 코 베어 가는 세상

세상이 정말로 무섭다

갈등(葛藤)

오랫동안 생각을 해 보았다
이 땅에 살았던 사람들과 사는 사람들을

생각에 생각을 더해 보았다 곰곰이
단군 할아버지의 자손들이라고 하는 사람들을

우리가 남이가를 외치던 사람들을
몇 날 며칠을 생각에 생각을 더해 보기도 했다
고압선 철탑처럼 목소리를 높이던 사람들을 생각해 본다
우리는 한 핏줄 한 형제라고 떠들어대던 사람들을

분명 한 핏줄 한 형제들의 나라인데
뭐가 이리 복잡하고 다사다난한지를 모르겠다
사람 사는 일에
뭐가 그리 따질 게 많고 생각할 게 많은지

서로 도우면서 어우렁더우렁 화목하게 살면

남 보기에도 좋고 아름다울 텐데
지옥이 따로 없다
그놈의 껄끄러운 욕심들

한 핏줄 한 형제라고 말을 말든지

매뉴얼

매뉴얼이 없어 대응이 미숙했단다
말도 안 되는 소리
차라리 잘못됐다고 하든지

시행착오를 겪지 않으려면
지침이나 매뉴얼을 만들어 놓든가
매뉴얼이 없어 삶이 엉망이 됐다는 것은
말이 안 되는 소리다
걱정스럽다

삶은 매뉴얼 대로 되지 않는다
그래서 사람들의 삶이 각양각색인 줄은 모르겠으나
착하고 성실한 사람을 보면 정말 존경스럽다

삶에 확실한 매뉴얼이 있으면 좋겠지만
삶은 매뉴얼이 없다
바른 삶을 사는 것은 신념의 문제다
더는 매뉴얼 핑계를 대지 마라

내가 할 탓이라고 생각하라

답은 매뉴얼 속에 들어 있지 않다

이만큼 그만큼

이만큼 그만큼이라는 말
참 애매모호하고 얄라꿍스럽다*
다들 그만큼 했으면 할 거 다 했다고 하는데
가늠이 안 된다 그만큼이 어느 정도인지
뭘 얼마만큼 했다는 소리인지
그 애매한 만큼이나 사람을 혼란스럽게 한다
말하고 듣는 사람의 생각에 따라 달라지는 이만큼 그만큼
이만큼 그만큼이 얼마만큼의 양인지 알 수가 없다
됐다는 소린지 안 됐다는 소리인지
할 만큼 한 것만큼은 분명한데 가늠이 되지 않는 말
느낌으로 알아먹으라는 소리
책임을 지지 않으려 하는 얄궂은 말
얼마큼인지 확실치 않아
구렁이 담 넘어가듯 어물쩡 넘어가려는 찜찜한 말
나중에 빠져나갈 뒷문을 열어 놓은 것 같은
애매모호한 말 이만큼 그만큼
그 말에 현혹당하지 말기를

*남 보기에 이상할 만큼이란 경상도 사투리

대박

나는 대박 났다의 대박이란 말이
흥부가 자기 마누라와 톱질하며 타던
한가위 보름달만큼씩이나 큰 박일 거라는
생각을 했었다
그런데 그게 아니었다
대박이란
생각지도 않았던 커다란 횡재를 가리키는 말이었다
조개구이를 먹다가 씹은 돌이
흑진주였다든가
아무 생각 없이 산 복권이 1등으로 당첨 돼
졸지에 벼락부자가 되었다든가 하는
뽕 따러 갔다가 임도 보고 뽕도 따는 일이나
도랑 치고 가재 잡는 일 같은
일타 칠피와 같은 일이 대박이 아닌가
내겐 그런 일이 절대로 일어나지 않았으면 좋겠다
도저히 감당할 수가 없을 것 같다
지금까지 난 한 번도
좋은 꼬라지를 못 봤으닝께

도깨비 나라

혹부리 김 영감한테 한 번 당해봐서
노래는 혹에서 나오지 않는다는 걸 알면서도
지금도 혹덩이를 신으로 받드는
못난 깨비들이 깨춤을 추는 나라가 있다
철 지난 얘기로 아직도 싸우는 깨비들이 있다
이 세상에 단 하나뿐인 요지경 같은 나라가 있다
한 형제끼리 힘을 합쳐도 살아남을까 말까 하는 힘든 세상에
내 것도 내 거 네 것도 내 거라고 껄끄러운 속내를 드러내는
도로보* 심보를 가진 깨비들
한심스럽기 짝이 없는 도깨비들의 나라가 있다
할 짓 못 할 짓 다 하고 누릴 것은 다 누리면서도
자유를 구속한다고 떠들어대는
유래를 찾아보기 힘든 한심스런 도깨비들의 나라가 있다
조상에게 물려받은 문전옥답과 초가삼간마저
혹부리 영감한테 갖다 바치려 드는 멍청한 깨비들

붕당 정치와 내부 분열로
나라가 망하는 꼴을 보고 듣고 직접 겪었으면서
아직까지도 정신 못 차리고
사촌이 땅을 사면 배 아파하고 씹어대며
제 잇속을 위해서라면 부모 형제도 내팽개치는
못난 좀비들이 판을 치는 이상한 나라
나라도 아닌 나라 깨비들의 나라
도깨비들의 나라가 있다

*도둑놈이라는 뜻의 일본어

프로메테우스의 선택

네게 묻겠노라

인간의 탈을 쓰고 짐승으로 살 건가

아니면

짐승의 탈을 벗고 인간으로 살 것인가

선택은 너의 몫

네 인생은 네 것이고 욕먹는 것도 너일 거고

욕이 배 따고 들어가는 건 아니니까

그러니

너 하고픈 대로 하라

공은 네 손에 쥐어져 있다

몹쓸 병

한때 이 나라에선
노동자 농민의 권리보다
목구멍에 풀칠하는 게
최우선일 때가 있었습니다

잃었던 웃음을 되찾기 위해
씨를 뿌려야 했고
김을 매고
싹을 틔워야만 했었습니다
반세기 전만 하더라도 우리는 그래야만 했습니다

그렇게 희망이 푸릇푸릇 자라나면서
웃음도 돌아왔고
막혔던 말문도 터져
고생 끝 행복 시작인 줄로만 알았습니다

그러나 정말
우리는 키우기에만 급급했지

욕정만 채우려 드는 병에 걸린 걸
아무도 알지 못했습니다

아—정말 알지 못했습니다

샴쌍둥이

전생에 너와 나는 무슨 죄를 지었기에
몸뚱이 하나에 머리가 둘 달린 괴물이 되었는지
한 몸으로 태어났으면서도
동상이몽의 괴물처럼 생각하는 게 다르고
서로 다른 꿈을 꾸고 다른 곳을 쳐다보고 있는지
일심동체가 아닌 일체이심의 괴물
이건 아니지 약육강식의 생존 경쟁의 시대에
힘을 합쳐도 될까 말까 한데 형제끼리 쌈박질이라니
그러다 자멸이라도 하게 된다면 누구 좋으라고
아무리 보기 싫고 원수니 악수니 해도 우리는 한 형제가 아닌가
뭉치면 살고 흩어지면 죽는다는 건 만고불변의 진리
우리는 각생하지 않고 합쳐져야 할 운명체
한 몸뚱어리의 샴쌍둥이잖아
네가 죽으면 나 또한 죽을 수밖에 없는 것을
철천지원수가 아닌 형제가 아니었던가
누가 누구를 해하겠다는 말인가
증오하지도 말고 미워하지도 싸우지도 말자

미움과 욕심을 내려놓자 내려놓으면 된다

정치놀음

위정자들의 착각은 일이 잘못돼도
정치 행위라고 둘러대면 용서받을 수 있다고
생각하는 데 있다
노동 운동이란 명목으로 불법 쟁의가 정당화되면 안 되듯
정치인의 과오가 정치 행위로 용납되어선 안 된다
그게 정치를 위축시켜서도 안 되겠지만
용서하거나 그냥 넘겨서는 더더욱 아니 된다
정치의 근본은 위민에 있고 봄 햇살같이 따사로워야 한다
봄 햇살이 세상 만물을 잠에서 깨우듯
정치 혜택은 모든 이에게 골고루 돌아가야 한다
정치인은 자신의 언행에 책임을 져야 한다
신뢰가 무너지면 국민들은 더 이상 믿지를 않는다
말을 않는다고 모를 거라 생각하면 오산이다
일시에 폭발하는 것이 민중의 분노이다
정치란 말로 하는 게 아니라 가슴으로 하는 것이다
정치란 국민의 마음을 보듬어야 하는 것이기에

섬긴다는 각오가 없으면 안 된다
이젠 정치 권력을 이용해 부귀를 누리려는 생각은
국민도 허용하고픈 마음이 없다
한 번 타오르기 시작하면 끄기 어려운데

낭패(狼狽)

고해(苦海)의 바다에는 낭패가 살고 있다

개흙 속에 숨어 있는 낭패는
귀 얇은 사람의 피를 빠는 흡혈 조개다
낭패는 가급적 맞닥뜨리지 않는 게 상책이지만
문제는 낭패가 땅거미처럼 은밀히 다가오는 데 있다
낭패를 가까이 하면 패가망신에다가
진퇴양난 수렁에 빠질 수 있다
낭패는 뒷맛이 씁쓸할 뿐 아니라 독성이 강해
잘못 먹었다가는 몸과 마음 오장육부까지 상하게 되어
흑사병에 걸린 것처럼 까맣게 타 죽게 된다
한 번 낭패를 당해 본 사람은
두 번 다시 낭패를 보려 하지 않는 것도
이 때문이 아닌가 싶다

사람을 곤경에 빠트리니 말이다

자업자득

세상이 변해도 너무 많이 변한 것 같다
내가 너무 오래 산 것은 아닌지

요즈음 젊은 사람들 이해가 안 된단다
그게 자기 얼굴에 침 뱉는 일인지도 모르고
죄 없는 젊은 사람들 탓만 한다
어른들의 잘못을 젊은 세대들에게 덮어씌우고 있다
누가 누구를 탓할 수 있단 말인가
돈이면 모든 게 다 해결되는 줄 알았던 어른들이
바르게 살지 않고 똑바로 가르치지 못한 탓인 줄도 모르고
윗물이 맑아야 아랫물이 맑다는 걸 알면서도
물을 흐린 사람들이 누구란 말인가
자업자득이라는 말을 안다면 부끄러운 줄 알아야지

아직도 늦지 않았다
늦었다는 생각이 들 때가
다시 시작할 때다

내가 잘못 배운 걸까

내가 잘못 배운 걸까
분명 사람은 착하고 바르게 살아야 하고
법과 질서를 지켜야 한다고 배웠는데
요즈음 이상한 사람들이 참 많아진 것 같다

예의에 어긋난 행동을 해서는 안 되는 걸 알면서
땀 흘려 일할 생각은 않고 남의 것을 탐내어 빼앗거나
남에게 피해를 주면 안 되는 걸로 아는데
어른들이 더 나쁜 짓을 하니 세상이 어떻게 된 건지를 모르겠다
아이들 보기에 부끄럽지도 않은지
부모에게 효도하고 형제간에 우애 있게 지내야 한다고 하면서
정작 어른들은 부모도 형제도 남 몰라라 지내니
아이들이 어떻게 고마움을 알고 돕고 나누면서 살려할까
아이들 탓하기 전에 어른이 먼저 바뀌면 안 되는 걸까

분명 윗물이 맑아야 아랫물이 맑다고 배운 것 같은데
내가 잘못 배운 건가 아니면
다른 사람들이 잘못된 건가는 모르겠으나
이해가 가지 않는다 요즈음 사람들

화(禍)의 근원

몸에 좋다고 해서 참 많이도 우려먹었는데
아직도 우려먹을 게 더 남아 있는지
또 불을 지피고 있다
대학생들이 우려먹고 시민 단체가 우려먹었으며
노조원들이 우려먹었고 위정자들이 우려먹어
더 우러날 것도 없을 것 같은데
도대체 언제까지 우려먹으려고 하는 것인지
샤스핀이나 푸아그라 케비야같이 맛난 게 얼마나 많은데
질리지도 않고 새로운 걸 먹어보고 싶지도 않는지
세상은 넓고 먹어보지 못한 것도 많을 텐데
태평양엔 쓰레기 더미가 산을 이루고
이상 기후 대기 오염 등 신경 쓸 일이 쌔고 쌨는데
아직까지도 구태의연을 이슈로 삼는지
왜 우물 안 개구리처럼 사는지
멀리 널리 내다봐야지 다 같이 잘 살려면은
화의 근원이 욕심이고 이기심이라는 걸 왜 모르는지
다시 쪽박을 차 봐야 정신을 차리려는지

제3부

희망(希望)

—불우이웃을 돕는 수호천사들을 생각하며

아타카마사막보다 더 황막한 세상에
따뜻한 그대들이 있어서 희망이 생겼습니다
희망이 사라진 암울한 현실
그대들마저 없었더라면
우리는 전부 다 가슴이 터져 죽었을는지도 모릅니다
그대들이 싸늘하게 식은 심장을 다시 뛰게 하였고
희망을 갖게 하였습니다
고난과 고통을 극복할 수 있도록 희망을 가져다준 그대들
그대들이 우리의 등불입니다
침울하고 암담해 앞이 보이지 않아도
그대들 때문에 희망을 가질 수 있었으며
앞으로 나아갈 수가 있었습니다
쓰러지지 않도록 잡아주고 이끌어 준 그대들
정말 고맙습니다
그대들이 있어 아직은 희망이 있습니다

갈 길 먼 입춘대길

입춘이 지났으니 봄이라고 했다
이 엄동설한에 봄이라니

아직 정이월이 다 가지도 않았는데
봄이라니
도저히 믿기지도 않고 믿을 수가 없다
세상은 얼음장 같은 차가움으로 뒤덮여 있고
볕이 들지 않는 쥐구멍엔 아직도 서릿발 같은 성에가
칼날을 세우고 있는데
볕이 쥐꼬리만큼 길어졌다고는 하나
그것만으로는
아직까지 봄이라고 말할 수는 없었다
말만 봄일 뿐 바람은 여전히 살을 에이고
계절은 아직도 겨울 한복판에서
봄의 발목을 잡고 있는 것을

입춘이 지났다고 위정자들은
너도나도 봄이 왔다고 선동질을 하지만

심장은 여전히 뛰지를 않는다

협상

죽기를 작정한 무슬림 전사가 아닌 이상
너도 죽고 싶지는 않겠지
나를 죽이면 너도 죽는다는 걸 알기나 하는지
그래도 나를 죽일 수밖에 없다면
나도 살기 위해 싸울 수밖에
너는 내가 살기 위해선 다른 방법이 없다고 하겠지만
나도 죽고 싶진 않으니 우리 협상을 하자
각자가 살 수 있는 선에서 서로 한 발자국씩
뒤로 물러서기로
나도 더는 물러설 수가 없다
그게 안 된다고 하면 함께 죽는 수밖에
마지막으로 다시 한번 더 묻겠다
이보 후퇴 일보 전진 어때 너도 살고 나도 살고
우리 모두가 잘 살 수 있는 쪽으로
이렇게 살면 얼마나 좋을까

혈안(血眼)

눈에 벌겋게 녹 때가 낀 사람들을 본다

눈알맹이가 토끼눈처럼 빨갛다
혹시나 제 몫이 줄어들지 않을까 해서
다른 사람보다 하나라도 더 가지지 못할까 봐
눈에 화등잔 같은 불을 켰기에
혈안은 절대로 사랑스러운 눈이 아니다
남보다 더 많이 가지려고 욕심에 눈이 먼 눈이다
눈에 불을 켜는 순간 어두운 면은 보이지를 않는가 보다
사람이 순식간에 처키로 변한다
아무리 아니라고 해도 눈이 말을 하고 있다
눈은 마음의 거울이다

내 눈은 언제나 흐리멍덩하다
나 스스로도 돌아보지 못할 만큼

개안 수술

노안이라고 말을 했다
선명하게 보이지 않을 거라고 했다
그래서 세상이 온통 희뿌옇게 보였던가 보다

세상 돌아가는 꼴도 보기 싫고
인간들 하는 짓에 눈꼴이 시리다고 해서
안 보고 살 수도 없는데
왜 멀쩡한 내 눈이 나빠져야 했는지를 모르겠다
보라고 뚫어놓은 눈마저 감아서 보지 않으려고 했던가
그러나 아직은 감아서는 아니 되리
세상 돌아가는 꼬라지가 어떻게 돌아가는지
죽는 그 순간까지 똑똑히 지켜봐야만 하리
결말이 어떻게 나는지

그게 내가
개안 수술을 한 이유가 아니었던가

생각이 있는 인간들이라면

생각이 있는 인간들이라면
아이들한테만은 죄를 짓지 말았어야 했다
목적 달성을 위해서는 못 할 것이 없다고는 하지만
그래도 아이들만은 건드리지 말았어야 했다
사람의 탈을 덮어쓴 인간이라면
아무리 인간 말종 개상구들이라고 할지라도
아이들한테만은 거짓말을 하지 말고 진실을 가르쳤어야 했다
아이들을 꽃처럼 아름답고 예쁘게는 키우지 못할망정
괴물로는 키우지는 말았어야 했다
짐승도 자기 새끼는 바르게 키우려고 하는데
인간의 탈을 쓰고 사랑을 가르쳐 주지는 못할망정
미움과 증오를 가르치진 말았어야 했다
모범이 되지는 못해도
아이들을 도구로 삼지는 않았어야지
지탄받는 아이들로 키우지는 말았어야 했다
아이들한테 어른 대접을 받고 싶다면
생각이 있는 인간들이라면

흑백 논리

내키지가 않았지만
화합을 위하여
노무현 대통령 영전에 묵념 한 번 올렸다
김대중 대통령 영전에 국화꽃 한 송이 바쳤다
너 좌빨이었니

내키지가 않았지만
상생을 위하여
이명박 대통령을 석방해야 한다고 주장했다
박근혜 대통령도 풀어 주어야 한다고 침을 튀겼다
너 꼴통 보수였니

한겨레 한 할아버지 자손이라면서
정말 왜들 이러는지를 모르겠다
그놈의 이념이 뭐길래
형제끼리도 편을 가르는지
무슨 원수가 졌기에

마태복음 24장

민족과 민족이,
나라와 나라가 대적하여 전쟁이 일어나고
혹한과 폭염 태풍과 폭우 가뭄으로
곳곳에 기근과 지진이 있을 것이라고 하셨던 때가
지금이 이이오니이까?
이 모든 것이 종말의 시작으로
착한 사람들이 환난을 당하고 죽임을 당하며,
예수를 믿는 모든 민족은 미움을 받게 될 것이라던 때
가
그때가 지금이 이오니이까?
사랑이 식어 불법이 성해지고,
그로 인해 많은 사람이 죽고 혼란스러울 거란 때가.
주여 지금 이이오니이까
내 말이 모든 민족에게 증언되기 위하여
온 세상에 전파될 것이며
그제야 종말이 올 것이라고 하셨던 때가
주여
지금이 그때 이오니이이까?

격리

목구멍이 포도청이라고 하는 말은
이것저것 가릴 형편이 아닐 때 하는 말이고
가슴을 쥐어뜯는 서글픈 소리가 분명타

목구멍 안은 컴컴한 게 호랑이 굴 같다
호랑이도 한 번 들어가면 나올 수 있는 방법이 없다
뱃가죽이 등에 붙으면 아무것도 눈에 보이질 않는다고 한다
하지만 아무리 배가 고파도 사람이 짐승이 될 수는 없다
사람이 할 짓과 못 할 짓이 있다는 말이다
아무리 살기가 힘이 들어도
남의 것을 빼앗거나 훔쳐서는 안 된다는 소리다
살기 위해선 무슨 일은 못 하겠냐고 하겠지만
그래도 사람이기를 포기해서는 안 된다
그게 사람으로서 걸어야 할 길이다

사람이기를 포기한 사람과는 함께할 수가 없다

갈수록 금수들이 늘어만 가니 걱정이다

they

아무리 봐도 외양은 똑같은 것 같은데
어디가 어떻게 다르기에
말과 생각과 행동은 사람마다 차이를 보이는지
도무지 사람의 속을 알 수가 없다
저들이 외계에서 온 외계인도 아니고
말과 생각과 행동이 어떻게 이렇게 다를 수가 있는지
먹고 마시는 것도 다를 게 없는 것 같은데
사람의 마음이 어떻게 이렇게 다른지를 모르겠다
앞에서는 공자를 얘기하면서 뒤로는 하이드가 되는 사람들
물불 안 가리고 자기 영달만을 생각하는 저들은
사람인가 아니면 좀비들인가
아무리 생은 나를 위해 산다고들 하지만
서로 돕고 살아야 살 수가 있는 세상
어떻게 저들은 자신의 안위밖에 모른단 말인가
왜 다른 사람을 배려하지 않는단 말인가
도대체 저들은 어떻게 생겨먹은 인간들인가
갈수록 이 사회가 걱정스럽다

우문현답

인생
어떻게 살면 좋으냐는 우문에
잘 먹고 잘 살면 된다고 현답하는 사람들
그런데 잘 먹고 잘 사는 게 왜 이렇게 힘이 드는지
사는 건 예나 지금이나 다를 게 없는 것 같은데
아니 전보다 훨씬 좋아졌다고들 하는데
내 삶은 왜 이리 힘이 들고 좋아지질 않는지
내려놓지 못한 탓인가 게으른 탓인가
삶이 힘이 들고 즐겁지가 않으면 다 내려놓으면 될 텐데
그마저도 마음대로 되지를 않으니
이럴 때 다른 사람들은 어떻게 하는지
사람 사는 게 다 거기서 거기라고는 하더라만
왜 나만 이렇게 힘이 드는지
이해할 수가 없다 아니 이해가 되지 않는다
내가 인생을 막 사는 건가 잘못 사는 건가
아니면 다른 사람들이 잘 사는 건가
도대체 알 수가 없다

잘못 그려진 자화상

가난하고 궁핍하게 살아도
인간답게 살기를 추구했던 한민족의
삶의 목표가 언제부터
돈이면 다 된다는 그릇된 생각에 빠지게 된 걸까
사람이 소 돼지가 되어도 좋고
모로 가도 서울만 가면 된다는 소린가
금수만도 못한 인간이 되어도 괜찮다는 건가
남이야 뭐라 하든 말든 잘 먹고 잘 살기만 하면 정호아
(挺好婀)*인가
사람이 인간답게 사는 길이
잘 먹고 잘 사는 데만 있는 것은 아닐 진데
사람이라면 사람답게 살아야 한다는 게
만고불변의 진리가 아니던가
엊그제 일본인들의 기생 관광을 욕했던 우리가
왜 ugly 코리안이라는 욕을 먹어야 하는 걸까
그런 말을 듣고도 얼굴을 들고 다닐 수 있단 말인가
벼룩도 낯짝이 있다고 하질 않던가
우리가 일본인들을 욕할 자격이 있는가 말이다

묻고 싶다 KOREAN들이여
자중자애하시기를

*중국말 팅하오아(띵호아)로 참 좋다는 말

구시화지문(口是禍之門)

말 못 하고 죽은 귀신은 없다고 한다
공동묘지에 묻힌 귀신들에게 죽은 원인을 물으면
이유 없이 그냥 죽은 귀신은 없다

나 같으면 내 속내를 드러내는 것 같아서
그런 말을 할 수 없을 것 같은데
말 한마디로 천 냥 빚을 갚는다는 말도 있고
어 다르고 아 다르다는 말과
낮말은 새가 듣고 밤말은 쥐가 듣는다고 하질 않던가
가는 말이 고와야 오는 말이 곱다지 않던가
입은 삐뚤어졌어도 말은 바로 해야 하고
침묵은 금보다 무겁다지 않는가

구시화지문(口是禍之門)이란 말이 있다
입은 재앙을 불러들이는 문이라고
뚫린 입이라고 모두 제멋대로들 지껄이는데
연산군이 말하길
모든 화는 입에서 시작된다고 했다

요즈음 사람들 정말 말 함부로 하는 것 같다

노파심

내가 걱정하지 않아도
잘 있는지
내 걱정은 말라고 하지만
그래도 걱정된다
네가 우리의 희망이기 때문이다

너를 걱정하는 내 마음
노파심이라는 것도 알고 있다
그래도 나보다는
네가 더 걱정된다
세상이 너무 험하기 때문에

아무리 힘들고 바빠도
험난한 세상 살아남기 위해선
절대로
끼니는 거르지 말거라
알겠느냐

손바닥으로 가린 하늘

매에게 쫓겨 대가리 쑤셔 박은 닭처럼
엉덩이가 훤히 다 드러났는데도
감추려고 참 애쓴다
손바닥으로 하늘을 가릴 수 있다고 믿는 걸까
아무도 모르게
저들은 감쪽같이 숨겼다는 생각을 하겠지만
꼬리는 그렇게 해서 감추어지는 게 아니라는 걸
왜들 그러고 사는지 모르겠다
욕먹고 살면 좋을 게 뭐가 있다고 배가 부른가
자기 딴엔 하늘도 가릴 수가 있다는 생각을 하겠지만
하늘은 손바닥으로는 가려지지 않는다는 거
그걸 저들만 모르는 것 같다
아니 알면서도 배 째라고 하는 건지 모르겠지만
제아무리 가려도 부처님 손바닥 안인 것을
세상에 완전 범죄란 없다
언젠가는 드러나고 밝혀지게 마련
하늘은 죗값을 묻지 않고 그냥 넘기는 법이 없다
손바닥으론 절대로 하늘을 가릴 수가 없다

패널 수칙

방송에 출연하는 패널들은
중립적이고 합리적인 사람이어야 한다
선동 선전하는 정당인은 가급적 배제해야 하고
잘난 척하고 남을 비난하는 자는 안 된다
궤변을 늘어놓는 자도 안 되고
근거 없는 낭설을 퍼뜨리는 자도 안 된다
자기 생각만 옳다고 하는 자는 바람직하지 않다
권력의 눈치를 보는 자도 적합치가 않다
긍정적인 말보다 부정적인 말을 하는 자는 더더구나 안 된다
부풀려 말하는 자도 깎아내리는 자도 배제해야 하며
의견이 다르다고 싸우려드는 자는 피해야 한다
문제의 해결책을 제시하는 패널이어야 좋고
합리적이고 도덕적인 사람이면 더 좋다
국론을 분열하는 말을 떠벌리는 인사는 비색이다
나라와 민족을 우선시하는 인사가 좋고
공사가 분명한 사람은 금상첨화
자기가 한 말에 책임을 지는 사람이면 더더욱 좋다

이젠 정말 지겹다 어거지쓰는 패널들

메아리(echoes)

어제저녁
머리 허연 고희 늙은이들이 모여
술 한잔하다가 거나해지니까
입만 살아 세상이 아롬하게* 보이는지
세상 돌아가는 꼴이 어쩌고 저쩌고 하면서
위험선 안팎을 넘나들기 시작했다
아직도 자기들이 청춘이고 주인인 줄 아는가
술 취한 내가 들어도
씨알도 먹히지 않을 것 같은 헛소리들을 지껄여댔다
말 같지도 않은 소리를 지껄이고 있는 것이
하도 어이가 없어
안타깝기도 하고 참 가소로웠다
우리가 언제 이렇게 되었는지
아무도 들어주지 않고 두려워도 않는 하울링
나이를 먹으면 판단이 안 되는 건가

*우습다, 꼴 같지 않다, 만만하다 등으로 쓰이던 강원도 사투리

제4부

이젠 우리가 우리를 곧추세워야 할 때

광풍이 우리를 쓰러뜨리려 해도
이젠 우리가 우리를 곧추세워야 할 때
나락으로 떨어지지 않으려면
자존심이 살아 있다면
더 무너지기 전에 스스로를 일으켜 세워야 할 때
그리하여 우리가 우리를 우뚝 세워야 할 때
불행했던 역사를 되풀이하지 않으려면
영원한 행복을 원한다면
아르헨티나나 그리스처럼 주저앉지 않으려면
정신을 바짝 차려야 할 때
어떻게 이룩한 삶이고 자유인가를 되새겨 보아야 할 때
또다시 어둠 속을 헤맬 수는 없지 않겠는가
우리가 대적해야 할 적은
외부의 적이 아니라 우리 내부의 팽배한 이기심
고비고비 때마다 파랑새는 오지 않는다
바람이 우리를 쓰러뜨리려 해도
이제는
우리가 우리를 바르게 세워야 할 때

푸틴은 무슨 생각으로

푸틴은 무슨 생각으로
우크라이나를 쳐들어갔는지 모르겠다
자기하고는 아무 이해관계도 없는 사람들을
죽음으로 몰아넣으면서까지
꼭 그렇게 전쟁을 벌여야 했던 걸까
욕을 먹고 지탄을 받으면 될 일도 안 된다는 걸
모른단 말인가 아니면 잊었단 말인가
푸틴의 실수가 분명했다 혹시 치매가 온 건 아닐까
한 나라의 지도자인 대통령이 되었으면
세계 평화와 자국민이 행복하게 할 수 있는 일은 못하더라도
어떻게 국민을 죽음으로 몰아넣을 수가 있단 말인가
도대체 푸틴은 무슨 생각으로
우크라이나를 침략한 걸까
이해할 수가 없다
아무리 생각을 해 봐도 모르겠다
3차 세계대전을 일으킬 생각이었던가
2022년 2월 24일

염불보다 잿밥

예술인복지재단에서
나 같이 이름 없는 3류 시인에게까지
생활 안정 자금 대출 문자를 보내오고
대출을 권하는 걸 보면
시인들의 살림살이가 무척 곤궁한 것만 같다
하긴 시집 한 권이 팔리지 않는 걸 보면
짐작을 하고도 남겠지만
시도 먹고 살아야 쓰는 것이니
돈 걱정을 안 하면 마음이 한결 가벼울 수밖에
복지재단의 깊은 뜻을 모르는 바는 아니니
어찌 고맙지가 않겠는가 고마울 수밖에
생활 안정 자금을 빌려준다는데
헌데 예술인복지재단의 배려가 그리 고맙지만은 않다
차라리 활동 지원금을 지원해 주든가
자긍심을 세워주는 일을 하면 더 좋을 것 같은데
시인들의 마음을 몰라도 너무 모르는 것 같다
인생은 짧고 예술은 영원한 것을

침몰

10여 년이면 강산도 변한다는데
아직도 아우성이 그치지 않는 까닭은
속 시원하게 말해 주는 사람이 없어서 그런 건가
천만금을 준다 한들 무슨 소용이 있으랴
죽은 아이들이 살아오는 것도 아니고
세월이 기울어 침몰 되는데도 왜 탈출을 막았는지
작정을 하지 않고서야 어떻게 이런 일이
목적 달성을 위해서라면 수단 방법을 가리지 않는 건가
도무지 이해가 가지를 않는다
한두 번 다니던 길도 아니고 눈을 감고도 갈 수 있는 길을
사람 목숨을 파리 목숨처럼 여기지 않고서야 어찌
공분을 일으키기 위해서
그래야만 목적을 이룰 수 있었는지
도대체 누가 무엇을 위해 그 죄를 어떻게 하려고
하긴 그런 것까지 생각하는 인간들이 아니니
더 무엇을 바라겠냐마는

그렇게 해서 얻으려는 것이 무엇인지

뇌리에서 스물스물 되살아나는 그날의 의혹

할로윈데이

지금도 기억하고 있어요
시월의 마지막 밤을
뜻 모를 이야기를 남긴 채 우리는 헤어졌지요*

피리 소리에 홀렸던 걸까요
내 발로 죽음을 찾아가게 된 까닭이
발길이 그리로 향한 것은
누가 등 떠다민 것도 아니고

대명천지 서울 한복판이 내 무덤이 될 줄이야
말이 되는 소리냐고 따지고 싶어요
그게 그렇게 잘못된 일이냐고요
젊었을 때 놀아야지 언제 노느냐고요
노래도 있잖아요
늙어지면 못 논다고

사전 대비만 좀 더 철저히 했었더라면
책임질 것도 아니면서 가슴을 후벼 파지는 마세요

따지고 싶어요 전부 따지고 밝혀 책임을 지우고 싶어요
그래야 속이 후련할 것 같아요
앞으로 이런 일이 다시는 일어나지 않도록

하지만 소용없는 일
죽음을 치부에 이용하지 않기만 바랄 뿐…

*대중가요「잊혀진 계절」의 가사

흑막

봄비 때문만이 아닌 것 같다
지난밤 꽃잎이 우수수 떨어진 것은

꽃샘추위가 꽃잎을 얼렸기에 벌어진 일이었다

성질 고약한 진눈깨비가 동조해
봄이 오는 길을 가로막았기 때문이고
일기 예보가 틀어진 것도 전부 꽃샘추위의 시샘 탓이었다

채 피지도 못하고 떨어진 꽃잎들과 봄비도
억울할 거라는 생각이 들었다

일기 예보까지 바꾸며 꽃잎을 떨군 까닭은 무엇일까
봄이 오는 걸 막아서 뭘 어떻게 하겠다고
뺏기는 게 싫어서일까 뺏기 위함일까
아니면 판을 엎기 위해서
그 숨겨진 속내를 알 수는 없지만

모락모락 피어오르는 연기를
달가워할 벌 나비는 없을 것이다

—그 젓값들을 어이할꼬

생각을 하게 되었다

인식

인간의 사고방식은 다 같을 거라는 생각을 했었다 인간이니까

아름다운 것은 아름답고 선한 것은 선하고 악한 것은 악하다는 생각을 할 거라는 생각을 했다 인간이니까 그런데 그게 아니었다 인간은 자신에게 유리한 쪽으로 생각을 한다는 것을 간과하지 못했다

영웅

난세에 영웅이 나타난다고 했다

세상 사람들은 모두가 자기 자신에게 유리한 쪽으로 움직인다는 생각을 했었다 그런데 안 그런 사람도 있었다 나는 그런 속없는 사람이 진정한 영웅이라는 생각을 하게 되었다

착각

아담의 갈비뼈를 빼 이브를 만들었다고 했다 그래서 내 아내는 나의 갈비뼈로 만들어진 여자일 거라는 생각

을 했다 그런데 아내의 생각은 전혀 달랐다 내 생각이 잘못된 걸까 난 이제 나같이 그렇게 멍청한 생각을 하는 남자는 바보 천치라는 것을 알게 되었다

죽음

나는 지금까지 한 번도 내가 죽을 거라는 생각을 해 본 적이 없다

죽음하고 나하고는 아무 상관이 없는 줄 알았다 그러나 아내의 죽음을 접하고 나서 나도 죽을 수 있다는 생각을 하게 되었다 어떻게 해야 죽음에서 벗어날 수 있을지를

실수

지금까지 난 실수는 자만에서 비롯된다는 걸 인정하지 않았다

인정할 수가 없었다 인정하는 순간 내 실수를 인정하는 것 같아서 그렇게 생각을 해야만 마음이 편했다 그런데 내 생각이 잘못됐다는 생각을 처음으로 하게 되었다

젊음의 특권

젊음을 낭비하지 말라
젊음은 극히 짧다

뭘 해도 예쁜 것이 젊음이다
하지만 젊음이 다 예쁜 것만은 아니다
실패를 하더라도
하고자 하는 열정이 아름답고 예쁘다는 것일 뿐

그러니 젊음은 과욕조차도 아름답다고 생각하지 말라
나이를 먹게 되면 일이 두렵고 겁이 난다
세월은 절대로 기다려 주지 않는다

늙어지면 꿈도 소멸되고 만다
젊은이들이여
한 살이라도 젊었을 때
하고픈 걸 하라

기억하라

끝없는 도전은 젊음의 특권임을

젊음의 시간은 길지가 않다

ADHD

문제아는 문제가 있는 아이를 말한다
문제아의 가장 큰 문제점은
자신이 문제아라는 사실을 인식하지 못하고
문제가 무엇인지를 모른다는 점이고 또
문제아의 문제는 자신이 문제가 있다는 걸 알면서도
문제가 있다는 걸 인정하지 않는 데 있다
문제를 문제로 인식하지 못하면 더 큰 문제를 낳게 되고
또 다른 문제를 유발할 수 있다는 데 있다
문제 해결을 위해선 사전에 문제인 발생 요인을 차단해야 한다
문제아를 방치하면 또 다른 문제가 생기게 마련이기에
문제 발생의 차단을 위해서는 우리 모두가
문제아가 일으키는 문제 피해의 심각성을 깨달아야 한다
문제의 심각성을 알면서도 방치한다는 것은
문제를 키우는 원인이 된다
문제아는 사회의 암적 존재라 할 수 있다

문제아의 발생은
문제아를 문제아로 인식 않는 안일함에 있다

도적놈들

구더기들 가운데
똥 구더기라는 종이 따로 있는 게 아니다
분열을 일으키는 구더기가
똥 구더기가 아닐는지

참으로 안하무인에 후안무치한 자들이다
정말 저들은 자신들이 구더기가 아니라
세상을 이끌어 가는 조력자라는 생각을 하는 건가
구더기로 살아도 서로 돕고 살면 보기가 좋을 텐데
무엇 때문에 저렇게 잡아먹지 못해 싸우는지 알 수가 없다
많이 먹으면 나비가 될 수 있다고 생각하는가
싸우는 놈들은 다 똑같은 도로보인 것을
모조리 한강에 처박았으면 싶다

저놈들의 버르장머리를 어떻게 고쳐야 할지
눈 똑바로 뜨고 열무 솎아내듯 솎아내
물고기 밥으로 던져주면 속이 시원할랑가

그런데 사람들의 마음이 다 똑같지가 않으니
어떻게 해야 할는지

소망

세상이 너무 살벌하고 삭막해
떠받들리거나 선망의 대상이 되었으면 하는 마음은 추호도 없다

그냥 보통 사람들처럼 가을에 곱게 물들고 싶고 홍시처럼 붉게 익어 나약하고 배고픈 사람들에게 허기나 면하게 해 줄 수 있었으면 좋겠고 고개 숙인 벼 이삭처럼 겸손한 사람이 되었으면 좋겠다

그리고 김장배추처럼 속이 꽉 찬 사람으로 자랐으면 좋겠고 가을 전어처럼 집 나간 며느리도 돌아오게 하는 고소함을 풍기는 사람이 되면 더욱 좋겠고 떠날 때가 되면 철새처럼 미련 없이 떠날 수 있는 현명한 사람이 되었으면 좋겠다

시위를 떠난 화살처럼 뒤돌아보지 않고 가을 국화처럼 은은한 향기를 풍기는 삶을 살다가 서산마루를 붉게 물들이는 노을처럼 그렇게 아름답게 이울 수 있는 사람이

되었으면 좋겠고
그 소박한 소망이 이루어졌으면 정말 좋겠다

먼 나라 이야기

삼십여 명의 카톡 친구들에게
우크라이나를 침략한 러시아 군인들의 만행을
영상으로 보내 보았다

잔혹하다는 반응을 보내온 친구는 세 명뿐
나머지 친구들은 아무런 반응이 없었다
천인공노할 만행을 보고도
나와는 상관없는 먼 나라 이야기로만 생각하는
감정이 무디어진 사람들
강 건너 불구경하듯 감정이 메말라 버린 사람들
난 발등의 불처럼 남의 일이 아니라는 생각이 드는데
그 참상을 보고도 어떻게
아무리 전쟁 중이라 해도 여자들과 아이들이 무슨 죄가 있다고
인간은 어떻게 생겨 먹은 짐승들이기에
이토록 잔인할 수가 있을까

난 이 영상을 접하고 가슴살이 벌벌 떨려

심장이 멈출 것만 같았는데
눈 하나 깜짝 않는 저들은 도대체 어떤 사람들인지

바람의 배후

볼 수도 없고 보이지도 않지만
바람의 뒤엔 분명 배후가 있을 것이다
그게 아니라면 행동이 저토록 방자할 리가 없다
보라 저 기세등등한 바람의 폭거를
누군가 뒤를 봐주지 않는다면
절대로 저럴 수는 없다 믿는 구석이 없다면
믿는 구석이 있다는 증거다
그렇지 않고서야 어떻게 저런 행패를 부릴 수가 있겠는가
위아래도 몰라보고 법도 지키지 않고 거칠게 행패를 부리는데도
누구 하나 나서는 사람이 없는 걸 보면
배후의 힘을 두려워하는 것이리라
똥은 무서워 피하는 게 아니다 더러워 피하는 것이다
지금껏 바람의 횡포에 대응을 않는 것은
맞서 싸울 생각이 없다는 것이다
싸워보았자 득 될 게 없다는 것을 아는 것이다
모든 풍파의 뒤에는 배후가 있다

난 그 배후가 궁금할 뿐이다

이렇게 지나가서는 안 된다

실의에 빠지고 교만에 눈이 멀었을 때
This to shall pass away*
그러나 이렇게
지나가게 해서는 안 되리라
얻은 것 없이 의미도 상실한 채
상처만 안기고 지나가게 해서는 안 되리라
우리는
너무나 많은 것을 잃었다
꼭 집고 따져서 버릴 건 버리고 태울 건 태우고 정리해서
가져가야 할 것만 가지고 가야 할 것이다
아무리 부끄러워도 아무리 아까워도
하느님께서 용서해 주신다고 해도
우리가 그냥 지나가서는 안 되리라
누구나 한 번쯤은 실수도 할 수가 있다 하지만
두 번의 실수는 안 된다
그러니
그냥 지나가게 해서는 안 되리라

*솔로몬 왕이 한 말로 '이 또한 지나가리라'는 영어 표현

개념이 없다

아무도 불 피운 사람이 없다는데
연기는 왜 모락모락 피어오르는지 모르겠다
분명 불을 지핀 사람이 있었을 터인데
다들 난 아니라고 발을 빼다니

잘못한 게 있으면 사과를 하고
책임질 일이 있으면 책임을 지면 될 것을
어떻게 해야 정신을 차리려는지 뭐가 잘못되었는지
윗물이 맑아야 아랫물이 맑다는데
어디 썩지 않은 물이 있기는 있는가 말이다
썩어도 한참 썩은 인간들뿐이니

세상이 어떻게 이렇게 막장으로 치닫는지
양심들은 어디다 내팽개쳤는지
도대체
개념들이 없는 것 같다

시인의 산문

시(詩)가 많은 사람들에게 영향을 미친다고 할 때 시는 가급적 긍정적이고 희망적인 메시지를 주어야 좋은 시라고 할 수 있을 것이다.

그걸 알면서도 밝고 희망을 주는 긍정적인 좋은 시를 쓰지 못하고 잘못을 지적하는 부정적인 시를 썼다는 것은 시인으로서 자질이 부족하거나 시인의 본분을 망각했음을 의미한다. 한마디로 뭐도 모르고 꼴값을 떠는 꼴임을 안다.

시편 가운데 부정적이고 눈에 거슬리는 점이 있음에 양해를 구한다.

쓸데없는 걱정을 하는 게
노파심이라는 걸 안다.
나 같은 사람이 걱정을 한다고 해서 문제가 해결될 것도 아니고
내가 나서지 않아도
지구는 돌고
다들 알아서 잘 가고 있는데…

노파심이기를
우려는 우려로 끝나기를
내 일도 제대로 하지 못하면서 내가 뭐라고
주제넘게시리
늙으면 헬조선이 맞는 것 같다.

시가 독자를 가르치려고 해서는 안 된다는 걸 잘 알고 있다. 그러나 한번 집고는 가야 할 것 같았다. 다음 편 시집에는 긍정적인 시가 더 많았으면 싶다.

프로메테우스의 선택

2025년 12월 25일 초판 1쇄 펴냄

지은이 _ 홍문식
펴낸이 _ 양문규
펴낸곳 _ 詩와에세이

신고번호 _ 제2017-000025호
주　　소 _ (30021) 세종특별자치시 조치원읍 충현로 159, 상가동 107-1호
대표전화 _ (044)863-7652
팩시밀리 _ 0505-116-7653
휴대전화 _ 010-5355-7565
전자우편 _ sie2005@naver.com
공 급 처 _ 한국출판협동조합
주문전화 _ (02)716-5616
팩시밀리 _ (031)944-8234~6

ISBN 979-11-24212-01-1 (03810)